D1720321

Birgit Johanna Frantzen

Starke Worte aus der Fülle des Lebens

Ausgewählte Lebensweisheiten

Starke Worte
aus der Fülle des Lebens

Titelbild: Weg zur Höllentalklamm, Bayern
August 2009

Ausgabe April 2012

Umschlaggestaltung & Layout:
Birgit Johanna Frantzen,
Gerrit Garbereder

Fotos:
Birgit Johanna Frantzen,
Bernd Frantzen

www.Starke-Einfaelle.de

Herstellung und Verlag: Books on Demand
GmbH, Norderstedt. Printed in Germany

ISBN   978-3-8482-0237-9

Meine Gedanken zum Titelbild

*Die Zeit, sie steht nicht still.
Sie ist unbeirrbar und unaufhaltsam
wie das Wasser,
das sich seinen Weg durch die
Natur bahnt.*

*Der Weg des Wassers
stellt dieses vor Herausforderungen,
zwingt es Hürden zu meistern
auf seine ureigene Art.*

*Auch du meisterst deine Hürden
auf individuelle Weise,
im Einklang mit dir,
deinen Mitmenschen und der Natur.*

Vorwort

Nach meinem ersten literarischen
Werk „Starke Worte für starke
Menschen" habe ich sicherlich Ihre
Neugier geweckt und möchte Ihnen
mit Spannung mein zweites Buch
„Starke Worte aus der Fülle des
Lebens" mit weiteren Aphorismen
präsentieren.

Hierin befinden sich sowohl
tiefgründige, als auch recht
amüsante Sprüche, die aus den
reichhaltigen Erlebnissen und
Erfahrungen meines vielseitigen
Lebensalltags heraus entstanden
sind.

Starke Worte
aus der Fülle des Lebens

Mit diesem Werk möchte ich Ihnen helfen, ganz bewusst von Ihrem Alltag abzuschalten, um sich mit Ruhe und Gelassenheit eine Auszeit zu gönnen.

Birgit Johanna Frantzen

Starke Worte
aus der Fülle des Lebens

Starke Worte
aus der Fülle des Lebens

Für meinen Vater,

der es verstand mit seinem
ausgesprochen trockenen Humor
und der nötigen Gelassenheit das
Leben der Menschen zu erheitern.

Starke Worte
aus der Fülle des Lebens

Starke Worte
aus der Fülle des Lebens

Inhalt

Starke Worte
aus der Fülle des Lebens

Meine Gedanken

Meine Gedanken

Es ist gut, Lebensweisheiten im
Kopf zu haben. Noch wichtiger ist
es, sie zu Papier zu bringen, damit
sie den Menschen zuteilwerden
können.

***

Die Gabe dichten zu können ist ein
Geschenk des Lebens, welche nicht
ungenutzt verkümmern sollte.

***

Kreativität zeichnet sich gerne durch
äußerste Lebhaftigkeit aus.

***

Meine Gedanken

Deiner kreativen Schaffenskraft solltest du freien Lauf lassen. Du wirst überrascht sein, was in dir steckt und aus dir heraus entstehen kann.

***

Alles, was aus deinem tiefsten Inneren heraussprudelt, halte es fest. Lasse es für dich zur wunderbaren Erinnerung werden.

***

Nicht jeder schafft es aus einer Idee heraus etwas zu bewegen.

***

Meine Gedanken

Es ist schön etwas in Vollendung zu erblicken, mit dem du dich selbst identifizieren kannst.

***

Auf mein Alter möchte ich nicht verzichten. Es hat viel Kraft und Mühe gekostet die Weisheit zu erlangen, die ich jetzt besitze.

***

Im Laufe meines Lebens hat es mein gesunder Menschenverstand immer noch geschafft, mich auf den rechten Pfad zu leiten.

*****

Starke Worte
aus der Fülle des Lebens

Gedanken zum Bild

In der Weite des Himmels
ziehen Wolken.
Meine Gedanken schweifen
durch sie hindurch.

Meine Gefühle –
sie tauchen ein in Melancholie
und steigen empor im Rausch der
Glückseligkeit.

Besinnung und Innehalten

Besinnung und Innehalten

Aus dem Beginn des Morgens mit all
seiner Frische, Klarheit und Stille
solltest du deine positiven
Gedanken und die nötige Kraft für
dich und den neuen Tag schöpfen.

***

Stelle dir in Vollendung vor was du
dir wünschst, und du wirst sehen,
- es geschieht.

***

Versuche an dich selbst zu glauben,
denn ein fester Glaube macht stark
und gibt Kraft.

***

Besinnung und Innehalten

Deine Gedanken kann dir niemand rauben, doch wäre es manchmal reizvoll, die der anderen lesen zu können.

***

Ehe du über andere urteilst, gehe in dich und versuche dich selbst zu ergründen.

***

Einen Traum solltest du immer in dir tragen. Auch wenn er sich nicht erfüllen lässt, kann alleine der Gedanke an ihn dich beglücken.

***

Besinnung und Innehalten

Wer es schafft durch Entspannung
von Körper, Geist und Seele in sich
zu gehen,
schöpft aus sich selbst Kraft und
Energie für neue Taten.

***

Folge deinen inneren Impulsen, sie
bereiten dir neue Wege und wichtige
Erkenntnisse.

***

Visionen mit tiefer, innerer
Überzeugung besitzen ein
gewaltiges Potential an positiver
Energie.

***

Besinnung und Innehalten

Triff weitreichende Entscheidungen
erst, wenn sie gut durchdacht und
mindestens zweimal überschlafen
sind.

***

Lege deine Wünsche in Gottes
Hand, nur er alleine hat die Macht
sie dir zu erfüllen.

***

Gehe am Abend eines Tages an
einen stillen Ort, schließe deine
Augen,
kehre in dich und werde dir deiner
Ruhe und Gelassenheit bewusst.

***

Besinnung und Innehalten

Lebe deine Gefühle aus; gehe jedoch
ehrlich damit um.

***

Kreativität und Schaffenskraft
finden ihre höchste Entfaltung,
wenn du mit Körper, Geist und Seele
im Einklang bist. Nur so kannst du
deine inneren Kräfte aktivieren, um
zu deiner Mitte zu finden.

***

Geheimnisse können etwas
Wundervolles sein, wenn du in
gepflegtem Maße damit umzugehen
weißt.

*****

Erkenntnisse

Erkenntnisse

Ordnungssinn ist eine Gabe, die praktisch gesehen von reichhaltigem Nutzen ist.

***

Je mehr du dir das Hirn über eine Sache zermarterst, umso ferner liegt die Lösung.

***

Im Rausch der Gefühle vergisst der Mensch gerne seine Pflichten.

***

Lesen bereichert nicht nur die Freizeit, vielmehr noch den Geist.

***

Erkenntnisse

Gute Musik kann dir nicht nur die Zeit vertreiben, sondern auch die schlechte Laune.

***

Das Tragen teurer Marken ist noch lange kein Indiz guten Geschmacks.

***

Geld alleine macht nicht glücklich! – Glücklich kann nur der sich schätzen, der sich bis ans Ende seiner Tage seine Gesundheit hat bewahren können.

***

Erkenntnisse

Die Körpergröße alleine ist nicht
ausschlaggebend um einen
Menschen zu beurteilen.
Viel bedeutsamer sind seine
Ausstrahlung, sein Geist und seine
Wesensart.

**

Solange eine Rede Hand und Fuß
hat, ist sie eine wertvolle
Bereicherung.

**

Der Ausklang des Tages ist
entscheidend für den Beginn des
nächsten.

**

Erkenntnisse

*Die verrücktesten Dinge die dir
widerfahren solltest du genießen
wie ein Volltreffer im Lotto, denn sie
sind einzigartig und geschehen
selten ein zweites Mal.*

***

*Auch wenn es dir nicht gelingt die
Sterne vom Himmel zu holen,
betrachte sie bei sternenklarer
Nacht, dann weißt du weshalb.*

***

*Die Tage an denen du überaus
verrückt bist sind einfach nur
verzaubert.*

***

Erkenntnisse

Ein Unternehmen, das von lauter
Koryphäen geleitet wird, ist genauso
zum Scheitern verurteilt wie eines,
das dieses mit einem Sortiment von
Nieten versucht.

***

Überraschungen sind brillant, wenn
du gekonnt damit umzugehen weißt.

***

Ein Tag voller Pechsträhnen hat den
Nutzen, dass du den Wert der
nachfolgenden Tage umso mehr zu
schätzen weißt.

***

Erkenntnisse

In bestimmten Situationen ist es
manchmal klüger, die Weisheiten
der Gelehrten außer Acht zu lassen.

***

Auch wenn du mit äußerster
Vehemenz versuchst deinen
Pflichten und deinem Schicksal zu
entkommen, wirst du spätestens vor
den Toren des Himmels erkennen
müssen, dass du dich diesen nicht
entziehen konntest.

***

Neugierde ist die Freude des einen
und die Last des anderen.

***

Erkenntnisse

*Der liebe Gott hat in jedem Haus
Türen hinterlassen. Es liegt an uns
selbst sie zu öffnen oder zu
schließen.*

***

*Im Rausch des Alkohols lassen sich
keine guten Taten vollbringen.*

***

*Immer wenn ein von dir
eingeschlagener Weg nicht zu Ende
gegangen werden kann
- akzeptiere es!
Gewiss wird sich dir zu gegebener
Zeit ein viel nützlicherer offenbaren.*

***

Erkenntnisse

Ein Ziel ist nur dann erreichbar,
wenn deine Gedanken dies stetig
dir vermitteln.
Verankere dieses Ziel mit festem
Glauben in dir.

***

Die Flucht vor sich selbst ist die
Flucht vor der Realität und der
Wahrheit.

***

Die schönsten Überraschungen die
dir zuteilwerden, sind die, mit
denen du am wenigsten gerechnet
hast.

***

Erkenntnisse

Erst wenn dein Haupt in Glanz erscheint, erstrahlt auch deine Seele.

***

Jeder Mensch hat positive Eigenschaften und Begabungen, die es zu nutzen und zu fördern gilt - sei es durch sich selbst oder die Gabe anderer.

***

Es gibt nichts Besseres, als mit Präzision und Kontinuität Vorsorge zu treffen.

***

Erkenntnisse

Unvollkommenheit bietet einem die Chance an sich selber wachsen zu können.

***

Es ist etwas Wunderbares Dankbarkeit empfinden zu können. Wertvoller wird sie jedoch, wenn du sie mit entsprechender Gebühr offen und ehrlich auszusprechen vermagst.

***

Besser einen guten Riecher zu haben als einen schlechten Duft.

***

Erkenntnisse

Es schadet dir nicht, dich zeitweise einmal von Liebgewonnenem zu trennen. Nur so lernst du die Wertigkeit dessen wieder zu schätzen.

***

Ein Wort kann mehr bewegen als die größte Gabe – DANKE!

***

Gut ist es, sein Erlerntes schwarz auf weiß zu besitzen, besser noch es praktisch umsetzen zu können, ohne es dabei an Menschlichkeit fehlen zu lassen.

***

Erkenntnisse

Die verrücktesten Ideen haben die
besten Chancen in Taten umgesetzt
zu werden.
Gerade die Verrücktheit gibt ihnen
einzig und alleine die Gelegenheit,
ausprobiert und angenommen zu
werden.

***

Jede Begegnung hat einen Sinn und
geht einen Weg.

***

Wenn tief im Herzen dich etwas
stark berührt, dürfen ruhig einmal
Tränen fließen.

***

Erkenntnisse

*Bewahre dir jederzeit deine
Gelassenheit und Zuversicht, denn
Zwänge die du dir selbst auferlegst,
führen nur in die entgegengesetzte
Richtung deiner Wünsche und Ziele.*

***

*Nur Offenheit und Ehrlichkeit
können dir die Tore der Welt öffnen.*

***

*Die schlimmsten Bedingungen sind
die, die der Mensch sich selber
stellt.*

***

Erkenntnisse

Wer die Kunst der Körpersprache beherrscht hat keine Sprachbarrieren.

*****

Gedanken zum Bild

Das Meer -
Wasser kommt und geht.

Strand -
vereinnahmt durch die Fülle der
See;
Einsam und verlassen -
mit den Gaben des Meeres.

Reisen -
Eindrücke kommen und gehen;
Erinnerungen bleiben zurück –
mit der Fülle der Erlebnisse.

Reisen

Reisen

Reisen ist etwas Herrliches;
Du kommst mit beeindruckenden
Erlebnissen zurück, die nachhaltig
auf dich einwirken und somit
unvergesslich bleiben.

***

Die Aufregung vor einer Reise lohnt
sich alleine schon im Hinblick auf
die bevorstehenden Erlebnisse.

***

Reisen hat noch niemandem
geschadet, erst recht nicht der
eigenen Bildung.

***

Reisen

Die Reise in Traumwelten kann dich verzaubern, doch solltest du wissen, wann es an der Zeit ist zurückzukehren.

*****

Starke Worte
aus der Fülle des Lebens

Einzigartigkeit des Menschen

Einzigartigkeit des Menschen

Jeder Mensch ist einzigartig.

Einzigartig ist auch das,
was jeden Menschen in seiner Art
des Seins, Handelns und Denkens
ausmacht.

Jeder Mensch hat etwas an sich,
etwas, das ihn in Bezug auf andere
Menschen unvergleichbar
erscheinen lässt.

Unvergleichbar
in seinem Inneren und Äußeren,
in seinem Weinen und Lachen,
in seiner Mimik und Gestik,
in seinen Schwächen und Stärken.

Einzigartigkeit des Menschen

*Die Einzigartigkeit eines Menschen
ist gerade das Wunderbare.*

*Das Wunderbare, dass es ihn in
seiner Art wirklich nur einmal gibt.*

*Aus dieser Einmaligkeit heraus
entstehen und wachsen
Freundschaften, die selbst in Höhen
und Tiefen ihre Bande erhalten und
sich nicht aus den Augen verlieren
können, meist über Jahrzehnte,
wenn nicht gar bis an ein
Lebensende.*

*****

Menschliches

Gedanken zum Bild

Der Mensch -
über Jahrzehnte wird er geprägt
hinweg durch Raum und Zeit
durch Lebensumstände und
Erfahrungen,

Menschliches

die sich im Verlauf
seines Lebens ergeben.

Jeder Mensch geht im Leben
seinen individuellen Weg.
Eingeschlagene Wege
tragen in sich einen Sinn.
Sie sind für ihn vorbestimmt
und bringen ihm wichtige
Erkenntnisse.

Wege trennen Menschen und
führen sie zusammen,
doch der wichtigste Weg im Leben
ist der Weg der Selbsterkenntnis.

Äußerlichkeiten

Es gibt Menschen, die vermögen
alleine mit ihren Augen das
auszudrücken, was andere in Worte
kleiden können.

***

Die Reife eines Menschen ist es, die
aus den Falten seines Gesichts eine
Geschichte werden lässt.

***

Äußerlichkeiten

Das weibliche Geschlecht hat dem
männlichen gegenüber einen
gewissen Vorteil, es kann sich dank
perfekter Schminkkunst zu einem
attraktiven Aussehen verhelfen.

***

Ungeschminkt betrachtet hat ein
Mann jedoch sehr gute Chancen,
wenn er sich dessen bewusst wird,
dass wahre Schönheit nur von innen
kommen kann.

***

Äußerlichkeiten

So mancher chirurgische Eingriff zur
Erlangung des Schönheitsideals
ließe sich glatt vermeiden, wenn der
Mensch so viel Selbstvertrauen und
Selbstsicherheit besitzen
würde, um alleine durch seine
innere Stärke den realen Selbstwert
zu erkennen.

***

Sympathien

Es gibt Menschen, die dir weit weniger Sympathien entgegenbringen, als du es dir wünschst und erhoffst – egal, wichtig ist einzig und alleine, dass wenigstens du in der Lage bist, deine Mitmenschen zu lieben.

***

Sensible Menschen bedürfen keiner großen Worte, um ihre Mitmenschen zu verstehen. Da reichen alleine schon die Blicke in die Augen des Gegenübers.

*****

Lebenseinstellung

Bei allem Respekt vor
„Persönlichkeiten"; es reicht
vollkommen aus allen Menschen
unabhängig ihres gesellschaftlichen
Ranges alleine mit Höflichkeit und
Anstand zu begegnen, denn
bedenke, dass der liebe Gott für die
Erschaffung eines jeden Menschen
gleich viel Kraft und Aufwand
benötigt.

***

Lebenseinstellung

Individualität ist das Beste, was der Mensch sich bewahren kann und sollte.

***

Kaum etwas wirkt überzeugender auf deine Mitmenschen als ihnen zu zeigen, dass du zu dir und deinem Sein einen festen Standpunkt vertrittst.

***

Die wenigsten Menschen schaffen es mit ihrer inneren und äußeren Welt eins zu werden.

***

Lebenseinstellung

Jeder Mensch hat die Möglichkeit aus sich das zu machen, was er sich selbst wert ist.

***

Der Mensch lebt gerne nach seinen Vorbildern, nur immer das richtige zu finden, ist reine Glückssache.

***

Ein befreiendes Lachen zeigt deine lebensbejahende Einstellung, es unterstützt deine Gesundheit und sorgt für die gute Laune deiner Mitmenschen.

***

Lebenseinstellung

Der Mensch kann sich seine innere
und äußere Zufriedenheit erhalten,
indem er durch Abstand seine
Freiräume bewahrt.

***

Behaupte stets der zu sein, der du
bist.
Gebe nur zu das zu besitzen, was
dir tatsächlich gehört.
Gegenüber anderen äußere das,
was du wirklich an Wissen besitzt.
Teile die Erfahrung, die du in der
Tat hast machen können.
Zeige deine Liebe erst, wenn du
wirklich lieben kannst.

*****

Bildung und Weisheit

*Die wahre Bildung eines Menschen
erkennst du in der Ausgewogenheit
zwischen
seinem Wissen und Können sowie
seinen Umgangsformen und
Höflichkeiten.*

***

*Jeder Mensch hat die Chance an
seinen Erfahrungen zu wachsen.
Entweder wird er dadurch groß und
mächtig oder er bleibt klein und
unscheinbar.*

***

Bildung und Weisheit

Nur wenige Menschen haben etwas gemeinsam, aber das was sie verbindet, ist der Ausdruck ihrer Stärke.

***

Jeder Mensch hat seine Art des Seins und sein individuelles Maß an Intelligenz.

***

Wichtig ist, dass der Mensch nicht nur mit der Fülle des Körpers, sondern auch mit dem Geist etwas zu bewegen vermag.

***

Bildung und Weisheit

In der Reife des Menschen liegt die Macht der Erfahrung und der Weisheit.

***

Was nützt es dem Menschen all sein Wissen und Können nachzuweisen, wenn es ihm nach außen hin an Vielseitigkeit mangelt.

***

Kritik entsteht, weil Menschen in der Vorstellung der anderen Eindrücke hinterlassen, die deren Ansicht nach überdacht und geändert werden sollten.

*****

Beruf

Sind die Menschen durch ihre
Unersättlichkeit erst einmal an der
Spitze angelangt, klappen entweder
das System oder sie selbst
zusammen.

***

Manche Menschen werden zur
Marionette ihres Jobs.

***

Menschen, die ihr Leben nur mit
Arbeit ausfüllen können, versäumen
es, sich selbst zu verwirklichen.

***

Beruf

*Schätze dich glücklich, wenn zum
Beginn deiner Taten deine Euphorie
durch Widerstände gemindert wird -
umso mehr lernst du den Wert
deines späteren Erfolges zu
schätzen.*

*****

Charakter

Nach außen teilen nur die Menschen
aus, die nach innen einstecken
müssen.

***

Undankbarkeit ist das Taktloseste,
was der Mensch gegen andere
richten kann.

***

Jeder Mensch wird durch seine
Lebenserfahrung geprägt und
letztendlich sind Charakter und Sein
das Spiegelbild dessen.

***

Charakter

*Treue, Freundschaft und
Hilfsbereitschaft sind Tugenden die
in der heutigen Zeit leider immer
seltener werden, umso kostbarer ist
es Menschen zu treffen, die dieses
noch zu schätzen und zu achten
wissen.*

***

*Wenn du glaubst, die Lebens- und
Verhaltensweisen anderer
Menschen kopieren zu müssen,
verleugnest du deine wahre
Identität und du verlierst damit
deine Einzigartigkeit.*

***

Charakter

Menschen, die ein gesundes Verhältnis zur Menschheit haben, bewahren sich ihren klaren, realen Verstand sowie ihre unverfälschte Urteilsfähigkeit.

***

Je gezwungener sich ein Mensch gibt, umso mehr Komplexe hat er aufzuweisen.

***

Menschen, die sehr vorwitzig sind, versuchen in Wirklichkeit nur ihre Verletzlichkeit zu verbergen.

***

Charakter

Respekt und Achtung einander sind
Tugenden, die jeder Mensch
beherrschen sollte,
unabhängig des gesellschaftlichen
Ranges.

***

Jeder Mensch sollte sich so geben
wie er ist und zu dem stehen, was
er kann.

***

Toleranz ist ein äußerst wertvoller
Zug im Menschen. Nur leider wird er
immer seltener.

***

Charakter

Jeder ist auch nur so viel Mensch,
wie er Mensch sein kann.

***

Neid und Missgunst sind eindeutig
Schwächen desjenigen, der sie
anderen gegenüber zeigt.

***

Ein Mensch ist und wird nur
dadurch interessant mit dem was er
individuell aufzuweisen hat und
darzustellen vermag.

***

Charakter

Menschen, die ihre Überheblichkeit nach außen demonstrieren, zeigen nur ihre Fassade und versuchen damit ihr wahres Ich zu verbergen.

*****

Fehler

Nicht nur Menschen haben Fehler,
auch Bücher neigen zuweilen dazu.

***

Kleine Fehler gehören zum Alltag,
größere solltest du dir und deinen
Mitmenschen verzeihen können,
schwere müssen allerdings der
Beichte zum Opfer fallen.

*****

Gedanken zum Bild

Freundschaft -
gemeinsam Wege beschreiten,
Gedanken austauschen,
füreinander da sein,
Freude bereiten,
gemeinsam weinen und lachen.

Menschliches

Freundschaft

Freundschaft

Es gibt nichts Wertvolleres und
Bereicherndes als tiefe, innige
Freundschaft.

***

Wahre Freundschaften solltest du
nicht nur pflegen, sondern auch
hüten wie ein Juwel, denn sie sind
unbezahlbar.

***

Echte Freundschaften überleben
nicht nur Höhen und Tiefen, sondern
Jahrzehnte.

***

Freundschaft

Im Zeitalter der Moderne hat der
Konsum einen weit höheren
Stellenwert eingenommen, als die
Pflege verlässlicher Freundschaften.

***

Ohne Brücken würden in der Natur
Täler, Schluchten und Flüsse zu
unüberwindbaren Hürden.
Auch du als Mensch besitzt die
Kraft in dir Brücken zu bauen.
Brücken, die Feindschaften beenden
und Freundschaften schließen
können. – Nutze sie!

***

Freundschaft

Nimm deine Mitmenschen ernst,

behandle sie mit Fairness und

Ehrlichkeit, denn erst der Gewinn

deines Vertrauens lässt in dir einen

echten Freund erkennen.

Bedenke bei all deinem Handeln

und Tun, dass nur wahre

Freundschaften einen

entscheidenden Anteil an der

Zufriedenheit deines Lebens haben.

*****

Menschliches

Eigenwilliges

Ist es nicht die Ironie des Schicksals, dass mancher normale Mensch bereits dem Wahnsinn verfallen ist, die Verrückten aber glauben, das Normalste der Welt zu sein.

***

Witzige Menschen werden oftmals von ihren Mitmenschen missverstanden, da ihre Gedanken und Ideen doch wohl auf anderen Bahnen reifen.

***

Eigenwilliges

Wenn du vor lauter Ernsthaftigkeit

keine Verrücktheit mehr zulässt,

dann ist es an der Zeit, dass du

wieder Mensch wirst.

***

Kleinere Geheimnisse machen den

Menschen oftmals sehr neugierig,

größere sogar wahnsinnig.

*****

Menschliches

Freude und Frohsinn

Wenn die Menschen wieder lernen
würden sich an Kleinigkeiten zu
erfreuen, würden sie größere Gaben
weit mehr zu schätzen wissen.

***

Nichts wirkt auf deine Mitmenschen
ansteckender, als die Fröhlichkeit
und Ausgeglichenheit, die aus dir
heraus nach außen dringt.

***

Freude und Frohsinn

*Je weniger du von deinen
Mitmenschen erwartest, umso
größer ist deine Freude über die
Menschen, die dir etwas
zuteilwerden lassen, mit dem du am
allerwenigsten gerechnet hast.*

*****

Menschliches

Träume und Phantasien

Menschen, die nicht mehr träumen
können, haben etwas Bezauberndes
verloren – die Kunst der Phantasie!

***

Träume, denn deine Träume
verkörpern deine Sehnsucht. Deine
Sehnsucht spiegelt sich in deinen
Gedanken. Gedanken entstehen aus
Begegnungen heraus. Begegnungen
geschehen, unvorbereitet – und sind
doch kein Zufall.

***

Träume und Phantasien

*Ein Mensch, der bis ins hohe Alter
eine reichhaltige Phantasie besitzt,
hat sich im Herzen immer seine
Kindheit bewahren können.*

***

*Träume sind verschlüsselte
Botschaften dessen, was wir erlebt
haben oder wir uns wünschen.*

*****

Menschliches

Verlust

Auch wenn der Mensch vergänglich
ist, so bleibt der ein oder andere
doch nachhaltig seinen
Mitmenschen in Erinnerung.

***

Menschen, die im Alter auf ein
glückliches, zufriedenes und
erfülltes Leben zurückblicken
können, werden auch nach ihrem
Tod noch positive Energien
freisetzen.

***

Verlust

Auch wenn durch den Tod eines dir nahestehenden Menschen ein Teil von dir stirbt, öffnet sich in dir bald ein neues Tor.

***

Der Verlust eines geliebten Menschen kann dir fast den Verstand rauben.

***

Menschen, die ohne schlechtes Gewissen über Leichen gehen können, sollten bedenken, dass sich alle im Himmel wieder begegnen werden.

***

Verlust

Die Spuren, die ein Mensch nach seinem Ableben hinterlässt, sind meist gewaltiger, als die zu seinen Lebzeiten.

*****

Mensch sein

Mensch sein

Nur Mensch sein

Freiheit besitzen

Gedanken äußern

Gefühle zeigen

Hände reichen

Sich verständigen

Akzeptiert werden

Grenzenlos sein

Mut besitzen

Helfen wollen

Leben und Glauben tolerieren

Frieden bewahren

Liebe schenken

Mensch sein können.

*****

Gedanken zum Bild

Stein auf Stein
füllt sich das Leben
in einzelnen Stationen
mit Erfahrung, Wissen
und Weisheit.

Leben

Leben

In der ersten Hälfte des Lebens ist
der Mensch fast ausschließlich
damit beschäftigt,
an sich selbst zu reifen. Durch
Lernen und Erfahrungen erlangt er
Bildung und Praxis.

***

In der zweiten Hälfte des Lebens
vergeht die Zeit wohl deshalb
doppelt so schnell, weil der Mensch
meint, das Erlernte der ersten
Lebenshälfte in doppelter Form
praktizieren zu müssen.

***

Leben

Dankbarkeit gehört zu den
unerlässlichen Werten, die der
Mensch sich bewahren sollte. Dies
zu pflegen und durch nachfolgende
Generationen bewusst zu erhalten,
ist ein unschätzbarer Bestandteil
des Lebens.

***

Ein gewisser Eigennutz gehört zum
Leben. Nur auf das richtige Maß
kommt es an.

***

Humor ist das, was das Leben
ergänzt und verschönert.

***

Leben

Betrachte Schicksalsschläge als
Herausforderung und Chance dein
Leben zu ändern.

***

Das Leben ist alleine schon deshalb
einzigartig, weil es so wunderbare
Überraschungen für dich bereithält.

***

Fähigkeiten, die dir als Genialität
mit in die Wiege gelegt wurden,
haben eine andere Bedeutsamkeit
als die Fähigkeiten, die du dir im
Laufe deines Lebens hast aneignen
können.

***

Leben

Gestalte dein Leben so, dass es dir
und deiner Seele gut tut. Das, was
dir deine Energie raubt und dich
negativ belastet, halte von dir fern.

***

Das Leben ist zu kostbar um es mit
sinnloser Zeit und Energie zu vertun.
Nutze das, was dir selber etwas
bringt und nicht, was du aus reiner
Pflichterfüllung glaubst vollbringen
zu müssen.

***

Alles was du im Leben wagst zu
vollbringen, lasse es geschehen.

***

Leben

Das Leben ist dazu da um an
Enttäuschungen und
Glückseligkeiten zu reifen.

***

Mit Humor lässt sich das Leben
langfristig weitaus sinnvoller
gestalten.

***

Das Leben wäre viel zu langweilig,
gäbe es nicht unzählige
Überraschungen.

***

Leben

Unerwartete Ereignisse gehören im Leben dazu. Es liegt an dir selbst, was du daraus werden lässt.

***

Das Leben ist so vielfältig; darum lasse jede Überraschung offen in dein Herz hinein.

***

Es geschehen in deinem Leben oftmals Dinge, die du einfach in dir aufnehmen solltest ohne auch nur im Mindesten über den weiteren Werdegang nachzudenken.

***

Leben

Das Leben ist variabel, so wie der
Mensch und sein Gedankengut.

***

Widme dich lieber Taten und
Freuden, die dich bereichern, damit
du nicht die herrlichen Seiten des
Lebens verpasst.

***

Auch in einer langjährigen
Partnerschaft ist es wichtig, dass du
dich ernst nimmst und selbst nicht
aus den Augen verlierst, um deinem
Leben gerecht zu werden.

***

Leben

Ein Leben mit Kapriolen und Humor
gepaart ist an Idealität nicht mehr
zu überbieten.

***

Von irgendetwas müssen
Entschuldigungen leben, ansonsten
hätte Ausreden wohl ihren Sinn
verfehlt.

***

Einer, der bereits zu Lebzeiten von
sich reden macht, hat die Chance an
dem positiven wie negativen Verlauf
seines Aufsehens teilhaben zu
können.

***

Leben

Nimm das Leben so an wie es ist und mache nach deinen Regeln das Beste daraus.

***

Es gibt im Leben Dinge, die müssen unausgesprochen bleiben und in Gedanken verweilen.

***

Wenn du allen schwierigen Situationen versuchst aus dem Weg zu gehen, wirst du niemals die nötige Reife erlangen, die zur Bewältigung deines Lebens unerlässlich ist.

***

Leben

Es ist weitaus wichtiger im Leben die Dinge mit Freude als nur mit Eifer anzugehen.

***

Die Versuchung ist oftmals so groß und verlockend, dass das nachfolgende Bedauern kaum noch zu überbieten ist.

***

Lasse dich nicht davon abhalten bereits zu Lebzeiten ein Zeichen zu setzen.
Verwirkliche dich selbst!

***

Leben

Menschen, die flexibel mit ihrem Leben umzugehen wissen, steht die Welt offen.

***

Es gibt nichts, was nicht zu retten ist, nur solltest du beizeiten mit einer geeigneten Rettungsmaßnahme beginnen.

***

*Die Kunst des Lebens ist die Menschen so anzunehmen wie sie sind, und
sie so zu akzeptieren wie sie es wünschen zu leben.*

***

Leben

In deinem Leben solltest du nichts
unversucht lassen, denn jeder
Versuch lohnt sich.

***

Harte Kämpfe und Rückschläge sind
Stationen des Lebens, um dieses mit
jedem Wenn und Aber kennen zu
lernen.

***

Im Leben sind viele Wege mehr als
nur beschwerlich; es liegt an uns
selbst, wie und auf welche Art wir
sie meistern können und wollen.

***

Leben

Ein hoher Lebensstandard ist bei
Weitem kein Garant für ein
glückliches und zufriedenes Leben.

***

In der zweiten Lebenshälfte besitzt
der Mensch oftmals eine
Spontanität, die Aktivitäten zur
Folge haben, für die es keine
Erklärung gibt.

***

Der Mensch lernt sein ganzes Leben
lang, doch täte er gut daran, auch
sich selbst zu ergründen.

***

Leben

*Das Leben füllt sich mit Dingen, die
du bewusst und gewollt planst, die
der pure Zufall dir zuteilwerden
lässt, mit Überraschungen, die
deinen weiteren Lebensweg
unaufhaltsam prägen, mit
Missgeschicken, die für dich zur
Herausforderung werden als auch
durch Dinge, die dir mit sehr viel
Glück begegnen und sich dir als
Geschenk präsentieren.*

***

Leben

Spätestens nach einem halben Jahrhundert müsste es dem Menschen gelungen sein mit Herz und Verstand durchs Leben zu gehen.

***

Eine gute Gesellschaft ist immer eine Bereicherung des Lebens.

***

Leben

Im Laufe deines Lebens wirst du erkennen müssen, dass du dich oftmals nur auf dich selbst verlassen kannst und in wichtigen Situationen die Hilfe anderer dir gegenüber tragisch im Sande verläuft. Aber auch dann halte an der Devise fest: Wenn es nicht dieser Weg sein soll, wird es gewiss ein anderer werden, und der wird dich auf den rechten, erfolgreichen Pfad führen.

*****

Starke Worte
aus der Fülle des Lebens

Humor

Humor

*Ein herzhaftes Lachen ist mehr
wert, als die beste Gesundheitspille.*

***

*Wer in sich Frohsinn und Humor
bereithält kann sich seiner guten
Taten gewiss sein.*

***

*Humor kann selbst einen Betrübten
zum Lachen bringen.*

***

*Witz und Originalität sind eine
Bereicherung für jede Unterhaltung.*

***

Humor

Humor hat noch keinem geschadet!
Schade ist nur, dass sich seine
Ausbreitung so schwierig gestaltet.

***

Je fröhlicher du den Tag beginnst,
desto bessere Laune kannst du
verbreiten.

***

Auch Unsinn dient zur Entspannung
deiner Seele.

*****

Ruhm, Macht und Reichtum

Gedanken zum Bild

Beeindruckend –

vom Gipfel des Triumpfs

ein Blick in die Tiefe des Abgrunds.

Ruhm, Macht und Reichtum

Erfolg –

nehme ihn an,

so wie er sich dir zeigt.

Sei dankbar und zufrieden,

dass du ihn erreicht hast,

denn irgendwann wird sein Ende

nahen.

Erst dann zeigst du Stärke,

indem du mit Bedacht und Einsicht

dich diesem stellst.

Nur wer positiv auf das Gewesene

zurückblickt,

kann sich selbst vor einem

gewaltigen Fall in die Tiefe retten.

Ruhm, Macht und Reichtum

Nur demjenigen, der es versteht

maßvoll mit Ruhm, Ehre und

Reichtum umzugehen,

wird das Glück vergönnt sein, aus

diesen Früchte zu tragen.

***

Selbst krönt sich derjenige, der

glaubt Macht zu besitzen.

Tatsächlich gekrönt werden nur die

Menschen, denen man Macht

zutraut. Die wahrlich Gekrönten

sind aber diejenigen, die das

Vermögen besitzen, ihre Macht im

Stillen zu verwirklichen.

***

Ruhm, Macht und Reichtum

Fleiß ist die beste Voraussetzung um Ansehen zu erlangen, doch eine Hand voll Glück darf dabei auch nicht fehlen.

***

Manch einer mit Ansehen und Wohlstand hat durch ein Übermaß dessen bereits den Bezug zum Leben verloren.

***

Wahre Größe zeigen die Menschen, die es sich trotz ihres Reichtums zur Aufgabe gemacht haben, auch für die Armen der Welt da zu sein.

***

Ruhm, Macht und Reichtum

Menschen, die es gewöhnt sind, dass ihnen alles Erdenkliche im Übermaß zu Füßen liegt, sind diejenigen, deren Welt völlig zusammenbricht, wenn ihnen dieser Wohlstand von jetzt auf gleich versagt wird.

***

Zu viel Machtstreben kehrt sich nur allzu leicht ins Gegenteil um.

***

Ruhm, Macht und Reichtum

*Der Ärmste der Armen kann mit
seinem Herzen oftmals mehr Freude
ausdrücken, als mancher Reiche,
der sein wahres Glück nicht zu
schätzen weiß und auszuleben
vermag.*

***

*Bei einem Leben im Wohlstand ist
es wirklich eine Kunst ein normaler
Mensch zu bleiben.*

***

*Die Klügsten und Mächtigsten
schaffen es gewiss ihren Abgang
glorreich vorzubereiten.*

***

Ruhm, Macht und Reichtum

*Reichtum ist ein angenehmer
Lebensbegleiter, solange du den
Boden unter den Füßen behältst.*

***

*Unabhängig von Ruhm und
Reichtum kann nur der sich
glücklich schätzen, dem es vergönnt
ist auf ein gesundes und
zufriedenes Leben zurückzublicken.*

*****

Starke Worte
aus der Fülle des Lebens

Alter

Alter

Das Alter schleicht sich in kleinen
Etappen heran.
So kannst du dich in Ruhe darauf
vorbereiten.

***

Auch wenn äußerlich die Fassade
noch das hält, was sie verspricht,
solltest du dein Innenleben nicht
außer Acht lassen.

***

Das Alter eines Menschen lässt sich
nicht leugnen, wohl aber pflegen.

***

Alter

Die Vergänglichkeit deiner Schönheit kannst du im Alter mit Klugheit und Erfahrung ausgleichen.

***

Deine Gesichtsfalten und deine Handschrift haben etwas gemeinsam, je älter du wirst, umso ausgeprägter und reifer wirken sie.

***

Falten und graue Haare sind ein Zeichen deiner Reife, Erfahrung und Weisheit.

***

Alter

Mit zunehmendem Alter steigern sich zusehends deine verrückten Taten.

***

Sport ist nicht nur eine Sache des Alters, wichtig ist, dass du ihn in gepflegtem Maße betreibst.

***

Deine grauen Haare solltest du im Alter als unablässigen Bestandteil deiner Persönlichkeit betrachten.

***

Alter

Eingefahrene Pfade zu verlassen ist im fortgeschrittenen Alter schwieriger, aber grundsätzlich nicht aussichtslos.

***

Graue Haare sind wie Sterne am Himmel; sie leuchten hervor und tragen etwas Geheimnisvolles in sich.

***

Im Alter solltest du in einem Gesicht lesen können wie in einem Buch, das eine besondere Lebensgeschichte zu erzählen hat.

***

Alter

Mit zunehmendem Alter ist es für
eine Frau überaus zweckmäßig sich
eine beeindruckende Requisite
zuzulegen, als sich einzig und
alleine auf die äußere Erscheinung
zu verlassen.

***

Aktivitäten jedweder Art solltest du
lieber beizeiten nutzen, denn im
Alter wird dir
noch genügend Zeit und Muße zum
Rasten verbleiben.

*****

Starke Worte
aus der Fülle des Lebens

Gedanken zum Bild

Natur –

eines der wunderbarsten

Dinge auf Erden;

würde der Mensch

sie sanft und unberührt

in sich ruhen lassen!

Natur

Natur

Die Natur ist oftmals eindrucksvoller anzublicken als das, was von Menschenhand je erschaffen wurde.

***

Der unaufhaltsame Fortschritt in der Welt wird sich eines Tages umkehren und der Erde das Leben kosten.

***

Wenn die Menschheit sich mit Sinn und Verstand mehr der Natur unterordnen würde, statt sie sich gefügig zu machen, dann gäbe es auf Erden weit weniger Elend.

***

Natur

*Es gibt immer noch zu viele
Menschen die vergessen, dass der
Planet Erde nicht nur für sie alleine
erschaffen wurde und nur
eingeschränkt verfügbar ist.*

***

*Die Natur versteht es von sich aus
sorgsam mit sich umzugehen, nur
die Menschheit hat dies noch nicht
begriffen.*

*****

Danksagung

Danksagung

Auf diesem Wege möchte ich meinen langjährigen Schulfreundinnen Andrea Gassert und Sylvia Thelen-Kollek meinen großen Respekt entgegenbringen und tiefsten Dank aussprechen. Für mein Werk haben sie sich Zeit und Muße genommen, es auf Herz und Nieren zu prüfen. Mit ihrer aufrichtigen und ehrlichen Kritik beim Lektorat meines entstandenen Buches waren sie mir eine großartige Unterstützung und unverzichtbare Hilfe. Ihre individuellen Denkanstöße haben letztendlich dazu beigetragen, auch mir mein Werk näher zu bringen, um es somit meinen Lesern in entsprechender Form präsentieren zu können. Auf ihre ganz persönliche Art ließen Andrea und Sylvia in mir erkennen, was tiefe, echte und ehrliche Freundschaften gerade in der heutigen Zeit wert sind. – Es gibt sie; auch noch nach 36 Jahren!

„Begegnungen haben ihren Sinn darin einmal Wege zu gehen, mit denen du nicht gerechnet hast."

Einer dieser geschätzten Wege ist die Begegnung mit Gerrit Garbereder. Sein Können in Perfektion zeigte er sowohl bei der Erstellung meiner Website als auch beim Layout meines zweiten Buches. Fertigkeit und absolute Präzision lassen ohne Zweifel hier einen echten Profi erkennen. Mein

Danksagung

bester Dank gilt selbstverständlich ihm, denn erst seine meisterhafte Arbeit lässt die Freude über das entstandene Werk doppelt wirken.

Mein größter und innigster Dank gilt meinem Ehemann Bernd und meinem Sohn Felix, die mit ihrer außerordentlichen Geduld und Rücksichtnahme mir die Zeit zur Vorbereitung meines zweiten Buches ermöglichten und mich dabei fortwährend bestärkt und unterstützt haben. Ohne sie und ihre wertvolle Mithilfe wäre die Entstehung meines zweiten Werkes in der Zeit und Form nicht möglich gewesen.

Die Autorin

Birgit Johanna Frantzen

Geboren im Juli 1960 in Aachen

Lebt mit ihrem Ehemann Bernd und
Sohn Felix in ihrer Geburtsstadt

Beruflich tätig als
Verwaltungsbeamtin im sozialen
Bereich

Schreibt seit dem 12ten Lebensjahr
Gedichte und andere literarische
Texte

Starke Worte für starke Menschen

Erste Buchveröffentlichung

Die ausgewählten Aphorismen
meines ersten literarischen Werkes
„Starke Wort für Starke Menschen"
sollen meinen Lesern aufgrund ihres
Tiefgangs ein kleiner, hilfreicher
Begleiter im Alltag sein.

www.Starke-Einfaelle.de